Impressum
Verlag: BABADADA GmbH, Nedderfeld 112 , 22529 Hamburg
Geschäftsführer / Verlagsleitung: Harald Hof
Druck: Books on Demand GmbH, In de Tarpen 42, 22848 Norderstedt

Imprint
Publisher: BABADADA GmbH, Nedderfeld 112 , 22529 Hamburg, Germany
Managing Director / Publishing direction: Harald Hof
Print: Books on Demand GmbH, In de Tarpen 42, 22848 Norderstedt

1

škola

school

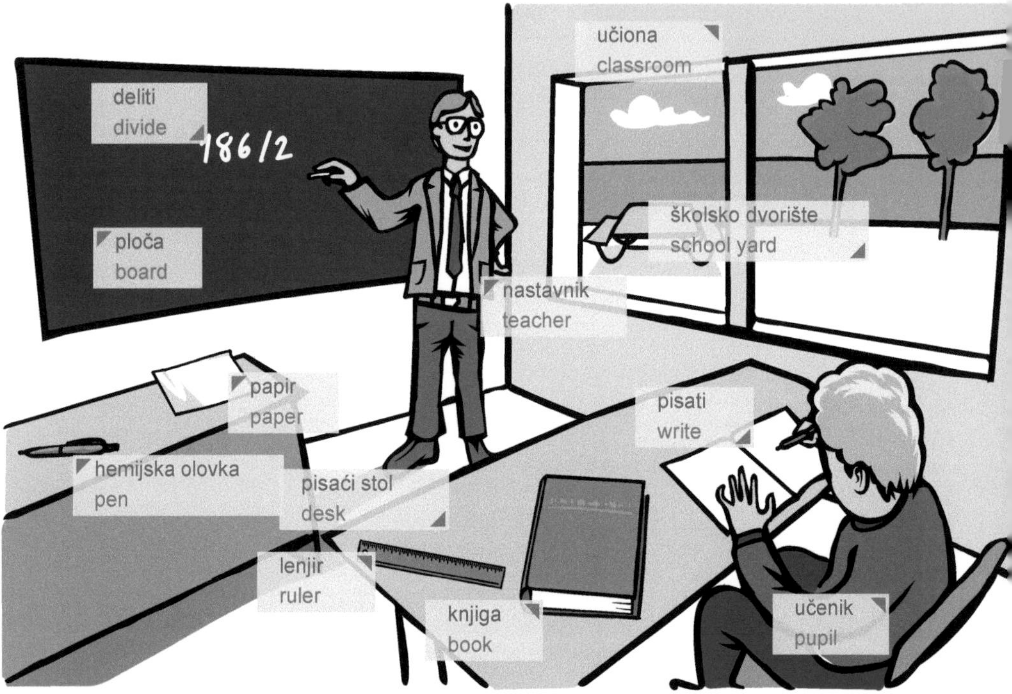

učiona
classroom
deliti
divide
186/2
ploča
board
školsko dvorište
school yard
nastavnik
teacher
papir
paper
pisati
write
hemijska olovka
pen
pisaći stol
desk
lenjir
ruler
knjiga
book
učenik
pupil

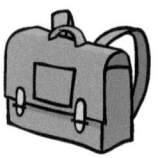

torba
satchel

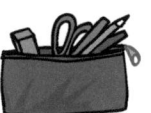

pernica
pencil case

grafitna olovka
pencil

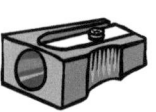

šiljilo za olovke
pencil sharpener

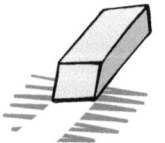

gumica za brisanje
rubber

blok za crtanje
drawing pad

crtež

drawing

kist

paintbrush

kutija sa bojama

paint box

makaze

scissors

lepilo

glue

beležnica

exercise book

domaći zadatak

homework

broj

number

sabirati

add

oduzimati

subtract

množiti

multiply

računati

calculate

slovo

letter

abeceda

alphabet

reč

word

tekst

text

čitati

read

kreda

chalk

čas

lesson

dnevnik

register

ispit

exam

svedočanstvo

certificate

školska uniforma

school uniform

obrazovanje

education

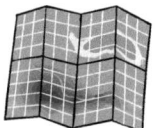

leksikon

encyclopedia

univerzitet

university

mikroskop

microscope

karta

map

košara za papir

waste-paper basket

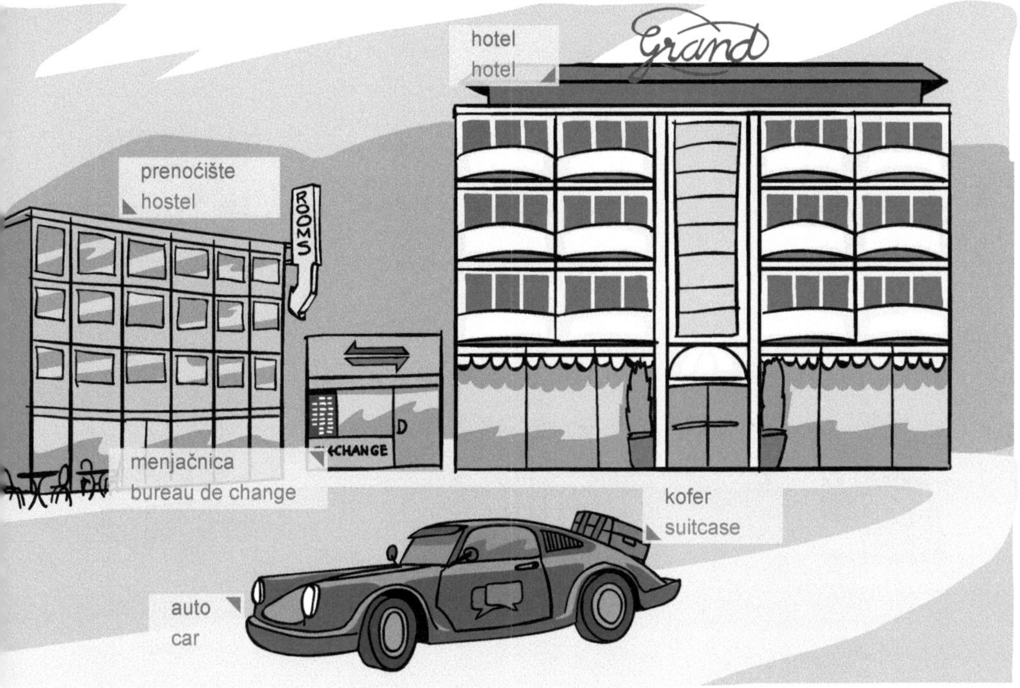

hotel
hotel
Grand
prenoćište
hostel
ROOMS
menjačnica
bureau de change
EXCHANGE
kofer
suitcase
auto
car

jezik

language

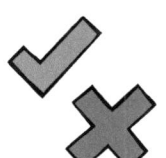

da / ne

yes / no

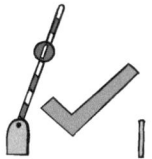

okej

Okay

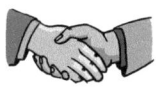

zdravo

hello

prevodilac

translator

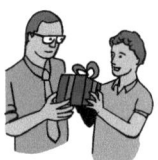

hvala

Thank you

Koliko košta...?

how much is...?

ne razumem

I do not understand

problem

problem

dobro veče!

Good evening!

Dobro jutro!

Good morning!

Laku noć!

Good night!

doviđenja

bye bye

smer

direction

prtljaga

luggage

torba

bag

ruksak

backpack

gost

guest

soba

room

vreća za spavanje

sleeping bag

šator

tent

putovanje - travel

turističke informacije

tourist information

plaža

beach

kreditna kartica

credit card

doručak

breakfast

ručak

lunch

večera

dinner

karta za vožnju

ticket

lift

lift

poštanska markica

stamp

granica

border

carina

customs

ambasada

embassy

viza

visa

pasoš

passport

transport

transport

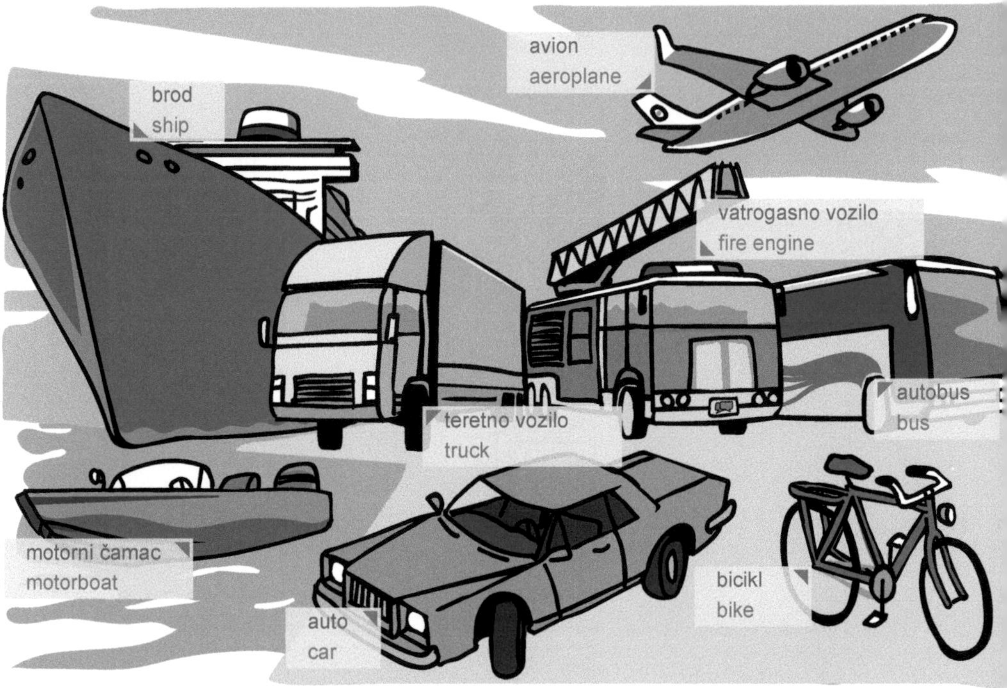

avion
aeroplane
brod
ship
vatrogasno vozilo
fire engine
autobus
bus
teretno vozilo
truck
motorni čamac
motorboat
bicikl
bike
auto
car

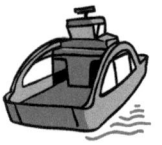

trajekt

ferry

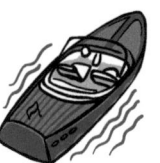

čamac

boat

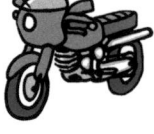

motocikl

motorbike

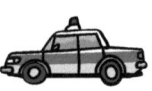

policijski auto

police car

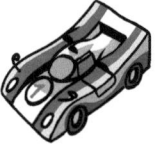

trkaći auto

racing car

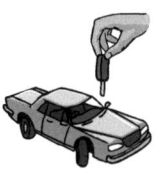

iznajmljeno auto

rental car

delenje automobila

car sharing

vučno vozilo

breakdown truck

vozilo za odvoz smeća

refuse truck

motor

motor

benzin

fuel

benzinska stanica

petrol station

saobraćajni znak

traffic sign

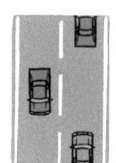

saobraćaj

traffic

zastoj

traffic jam

parkiralište

car park

željeznička stanica

train station

šine

tracks

voz

train

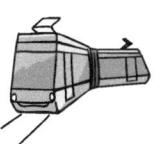

tramvaj

tram

vagon

carriage

helikopter

helicopter

aerodrom

airport

kula

tower

putnik

passenger

kontejner

container

karton

carton

kolica

cart

korpa

basket

uzleteti / sleteti

take off / land

grad
city

selo

village

centar grada

city centre

kuća

house

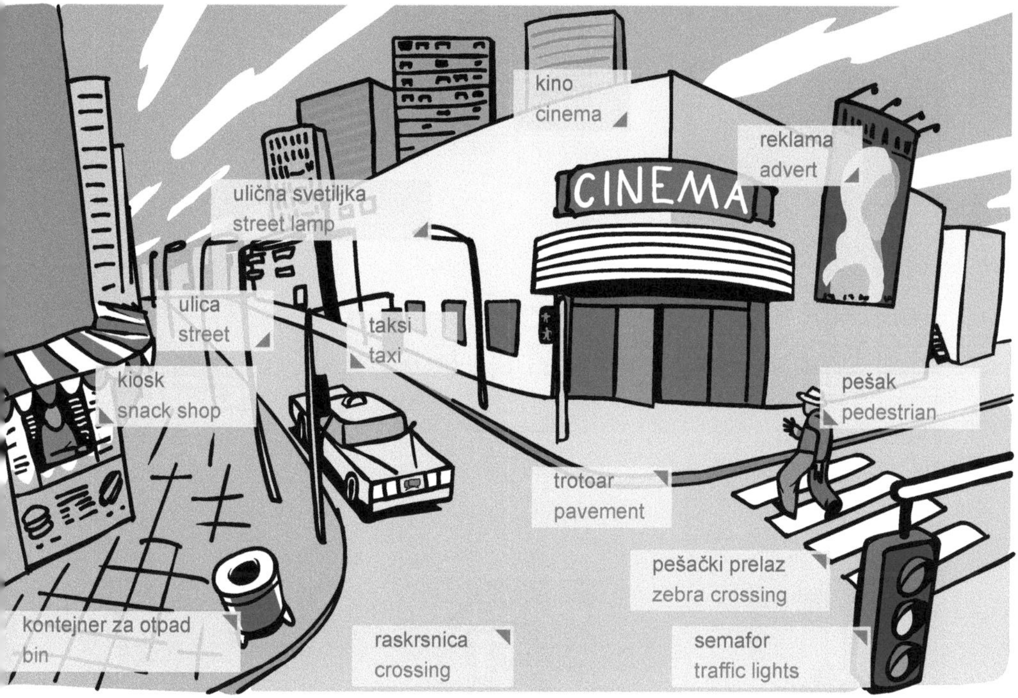

kino
cinema

reklama
advert

ulična svetiljka
street lamp

 CINEMA

ulica
street

taksi
taxi

kiosk
snack shop

pešak
pedestrian

trotoar
pavement

pešački prelaz
zebra crossing

kontejner za otpad
bin

raskrsnica
crossing

semafor
traffic lights

koliba
hut

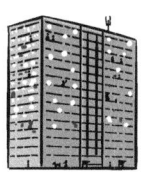

stan
flat

železnička stanica
train station

većnica
town hall

muzej
museum

škola
school

univerzitet

university

banka

bank

bolnica

hospital

hotel

hotel

apoteka

pharmacy

kancelarija

office

knjižara

book shop

prodavnica

shop

cvećara

florist's

supermarket

supermarket

trg

market

robna kuća

department store

ribarnica

fishmonger's

trgovački centar

shopping centre

luka

harbour

grad - city

park

park

klupa

bench

most

bridge

stepenice

stairs

podzemna železnica

underground

tunel

tunnel

autobuska stanica

bus stop

bar

bar

restoran

restaurant

poštansko sanduče

postbox

ulični znak

street sign

parkirni automat

parking meter

zoološki vrt

zoo

bazen

swimming pool

džamija

mosque

seosko gazdinstvo

farm

zagađenje okoline

pollution

groblje

graveyard

crkva

church

igralište

playground

hram

temple

pejsaž
landscape

list
leaf

putokaz
signpost

put
way

livada
meadow

kamen
stone

šetač
hiker

drvo
tree

reka
river

trava
grass

cvijet
flower

dolina

valley

planina

hill

jezero

lake

šuma

forest

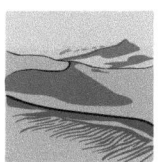

pustinja

desert

vulkan

volcano

dvorac

castle

duga

rainbow

gljiva

mushroom

palma

palm tree

moskito

mosquito

muva

fly

mrav

ant

pčela

bee

pauk

spider

buba

beetle

žaba

frog

veverica

squirrel

jež

hedgehog

zec

hare

sova

owl

ptica

bird

labud

swan

divlja svinja

boar

jelen

deer

los

moose

nasip

dam

vetrenjača

wind turbine

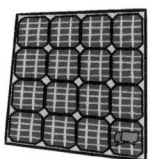

solarna ploča

solar panel

klima

climate

restoran
restaurant

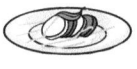

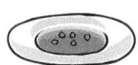

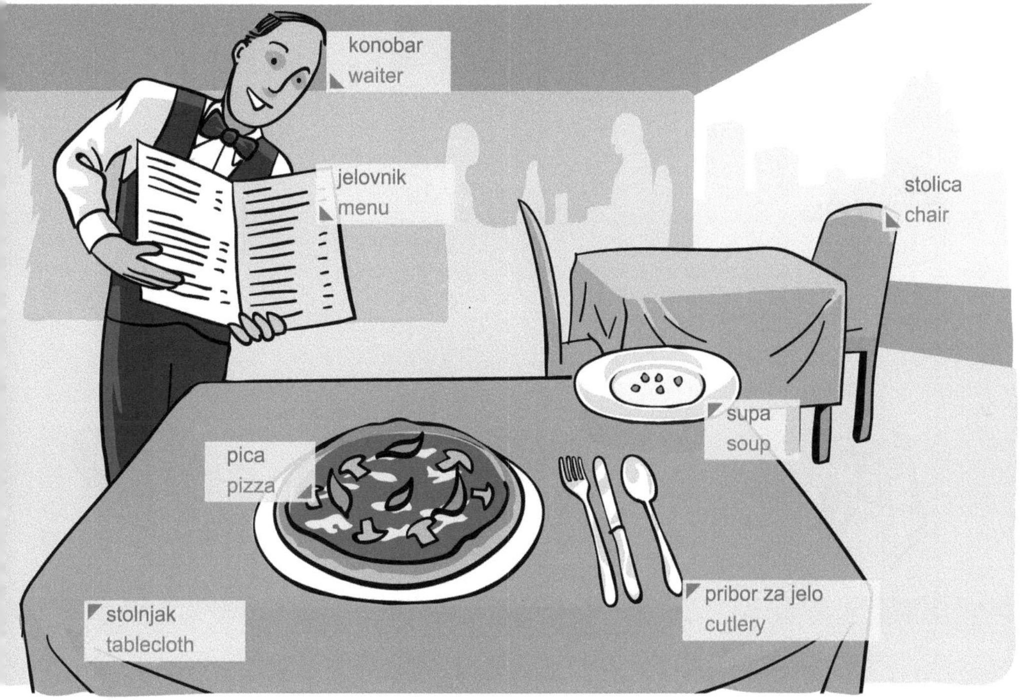
konobar
waiter
jelovnik
menu
stolica
chair
supa
soup
pica
pizza
stolnjak
tablecloth
pribor za jelo
cutlery

predjelo

starter

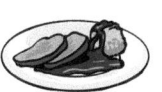

glavno jelo

main course

desert

dessert

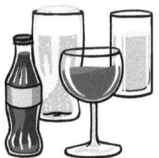

napitci

drinks

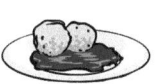

jelo

food

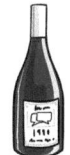

flaša

bottle

brza hrana

fast food

imbis hrana

street food

čajnik

teapot

doza za šećer

sugar bowl

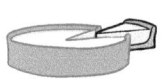

porcija

portion

aparat za espresso

espresso machine

visoka stolica

high chair

račun

bill

poslužavnik

tray

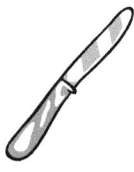

nož

knife

viljuška

fork

kašika

spoon

čajna kašika

teaspoon

salveta

serviette

čaša

glass

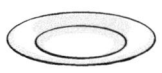

tanjir

plate

tanjir za supu

soup plate

tanjirić

saucer

sos

sauce

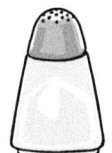

soljenka

salt pot

mlin za biber

pepper mill

sirće

vinegar

ulje

oil

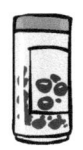

začini

spices

kečap

ketchup

senf

mustard

majoneza

mayonnaise

supermarket

supermarket

ponuda
special offer
FOR
kupac
customer
mlečni proizvodi
dairy
voće
fruit
kolica za kupovinu
trolley

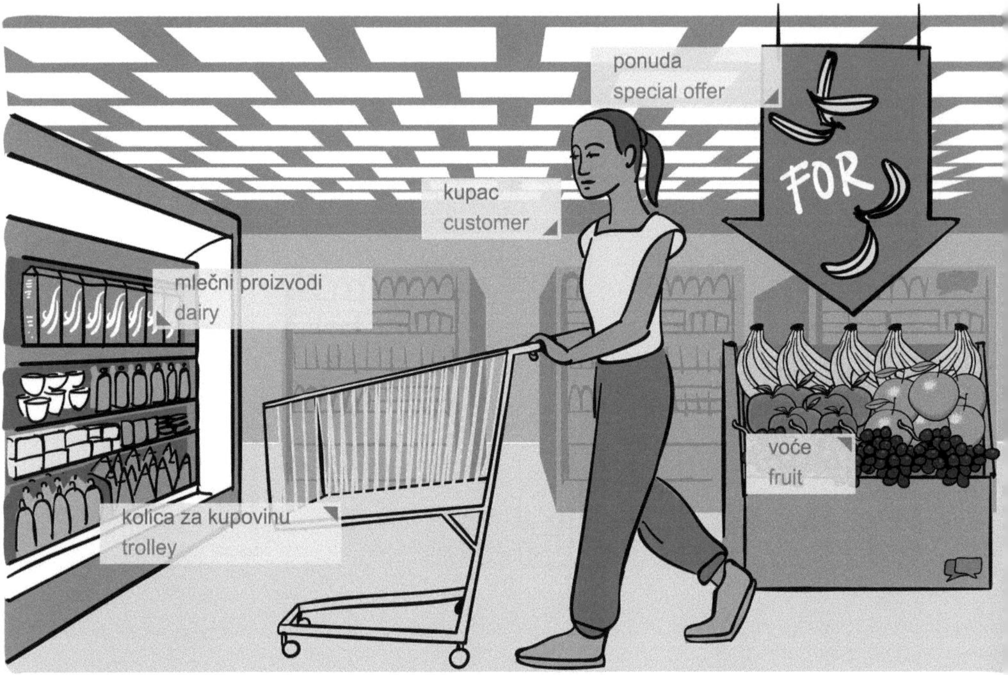

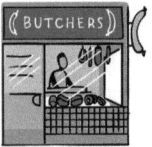

BUTCHERS

mesnica

butcher´s

BAKERY

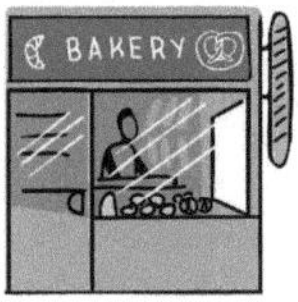

pekara

baker´s

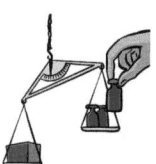

vagati

weigh

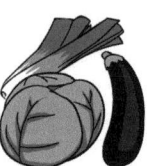

povrće

vegetables

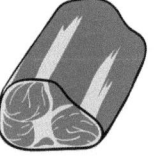

meso

meat

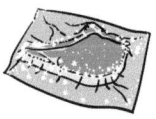

smrznuta hrana

frozen food

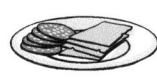

narezak
cold meat

konzerve
tinned food

sredstvo za pranje
washing powder

slatkiši
sweets

artikli za domaćinstvo
household products

sredstva za čišćenje
cleaning products

prodavačica
salesperson

blagajna
till

blagajnik
cashier

lista za kupovinu
shopping list

vreme rada
opening hours

novčanik
wallet

kreditna kartica
credit card

torba
bag

plastična kesa
plastic bag

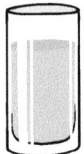

voda

water

sok

juice

mleko

milk

kola

coke

vino

wine

pivo

beer

alkohol

alcohol

kakao

cocoa

čaj

tea

kava

coffee

espresso

espresso

cappuccino

cappuccino

banana

banana

jabuka

apple

narandža

orange

lubenica

melon

limun

lemon

šargarepa

carrot

beli luk

garlic

bambus

bamboo

luk

onion

gljiva

mushroom

orašasti plodovi

nuts

rezanci

noodles

špagete

spaghetti

riža

rice

salata

salad

pomfrit

chips

pečeni krumpir

fried potatoes

pica

pizza

hamburger

hamburger

sendvič

sandwich

šnicla

cutlet

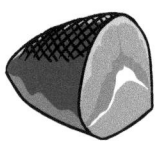

šunka

ham

salama

salami

kobasica

sausage

kokoš

chicken

pečenje

roast

riba

fish

jelo - food

zobene pahuljice

porridge oats

musli

muesli

kukuruzne pahuljice

cornflakes

brašno

flour

kroasan

croissant

pecivo

bread roll

hleb

bread

toast

toast

keksi

biscuits

maslac

butter

sveži sir

curd

kolač

cake

jaje

egg

jaje na oko

fried egg

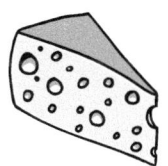

sir

cheese

sladoled

ice cream

šećer

sugar

med

honey

marmelada

jam

nugat krema

chocolate spread

kari

curry

seosko gazdinstvo
farm

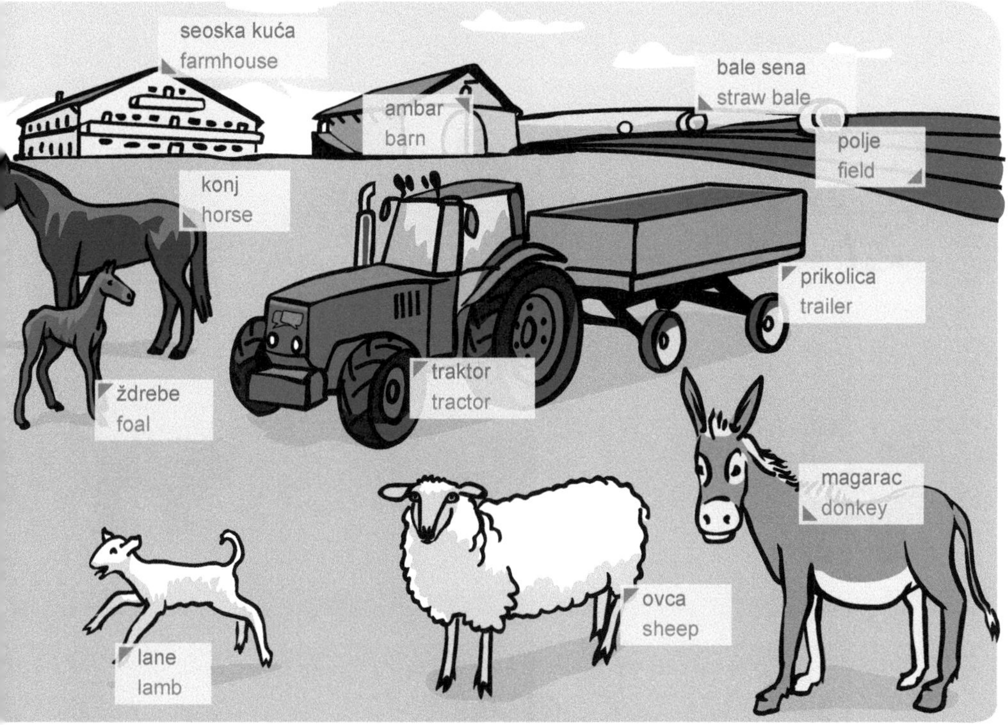
seoska kuća
farmhouse
ambar
barn
bale sena
straw bale
polje
field
konj
horse
prikolica
trailer
traktor
tractor
ždrebe
foal
magarac
donkey
ovca
sheep
lane
lamb

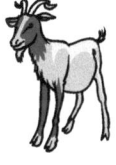

koza

goat

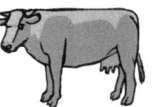

krava

cow

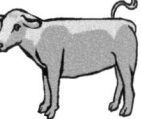

tele

calf

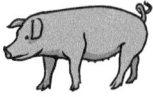

svinja

pig

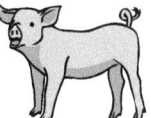

prase

piglet

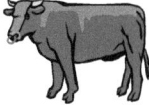

bik

bull

guska

goose

patka

duck

pilići

chick

kokoš

hen

petao

cock

pacov

rat

mačka

cat

miš

mouse

vol

ox

pas

dog

kućica za psa

doghouse

vrtno crevo

garden hose

kanta za polivanje

watering can

kosa

scythe

plug

plough

srp

sickle

motika

hoe

viljuška za đubrivo

pitchfork

sekira

axe

tačke

wheelbarrow

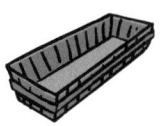

korito

trough

posuda za mleko

milk can

vreća

sack

ograda

fence

štala

stable

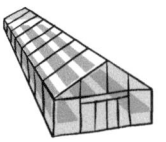

staklenik

greenhouse

zemlja

soil

seme

seed

đubrivo

fertilizer

kombajn

combine harvester

žeti

harvest

žetva

harvest

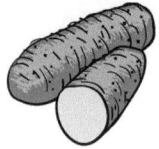

jams začin

yams

pšenica

wheat

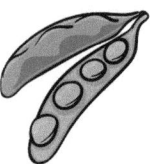

soja

soy

krumpir

potato

kukuruz

corn

uljana repica

rapeseed

voćka

fruit tree

gomolj manioke

cassava

žitarice

cereals

kuća
house

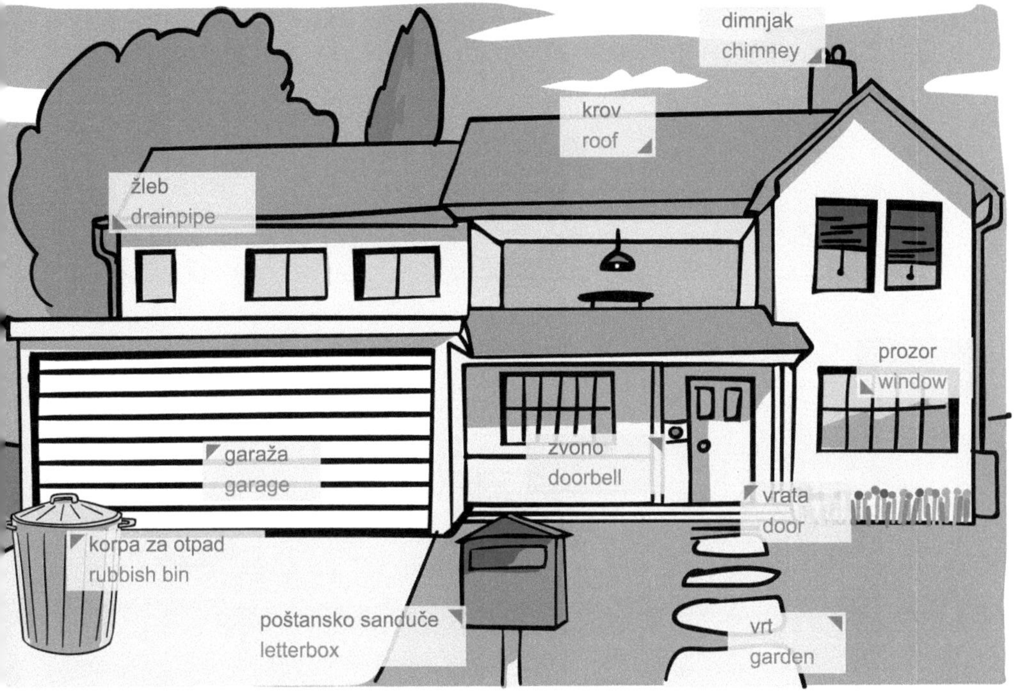
dimnjak
chimney
krov
roof
žleb
drainpipe
prozor
window
zvono
doorbell
garaža
garage
vrata
door
korpa za otpad
rubbish bin
poštansko sanduče
letterbox
vrt
garden

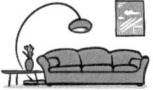

dnevna soba

living room

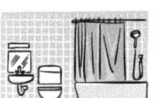

kupaonica

bathroom

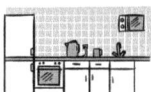

kuhinja

kitchen

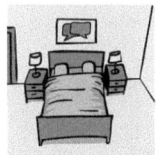

spavaća soba

bedroom

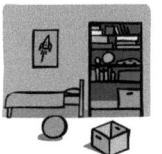

dečija soba

child's room

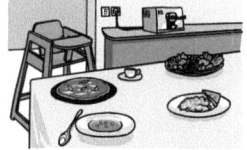

trpezarija

dining room

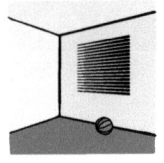

pod
floor

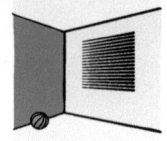

zid
wall

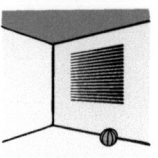

strop
ceiling

podrum
cellar

sauna
sauna

balkon
balcony

terasa
terrace

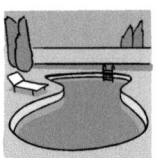

bazen
pool

kosilica za travu
lawn mower

posteljina za krevet
sheet

deka za krevet
bedspread

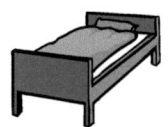

krevet
bed

metla
broom

kanta
bucket

prekidač
switch

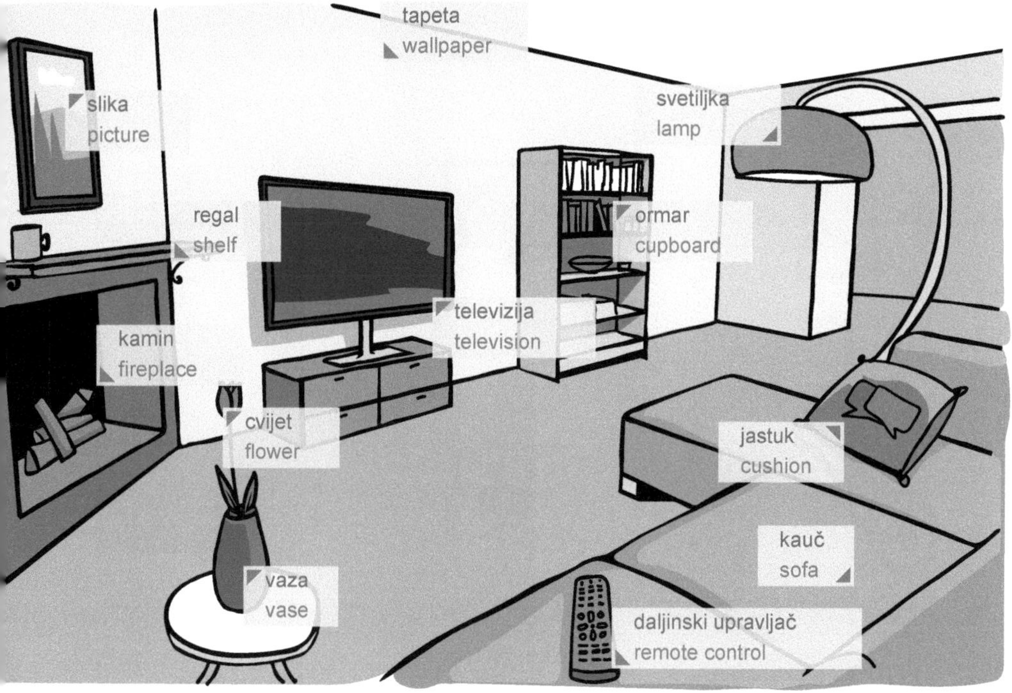

tapeta
wallpaper

slika
picture

svetiljka
lamp

regal
shelf

ormar
cupboard

kamin
fireplace

televizija
television

cvijet
flower

jastuk
cushion

kauč
sofa

vaza
vase

daljinski upravljač
remote control

tepih
carpet

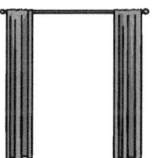

zavesa
curtain

sto
table

stolica
chair

stolica za njihanje
rocking chair

fotelja
armchair

knjiga
book

deka
blanket

dekoracija
decoration

drvo za ogrev
firewood

film
film

hi-fi uređaj
hi-fi equipment

ključ
key

novine
newspaper

slika na platnu
painting

poster
poster

radio
radio

blok za pisanje
notepad

usisivač
hoover

kaktus
cactus

sveća
candle

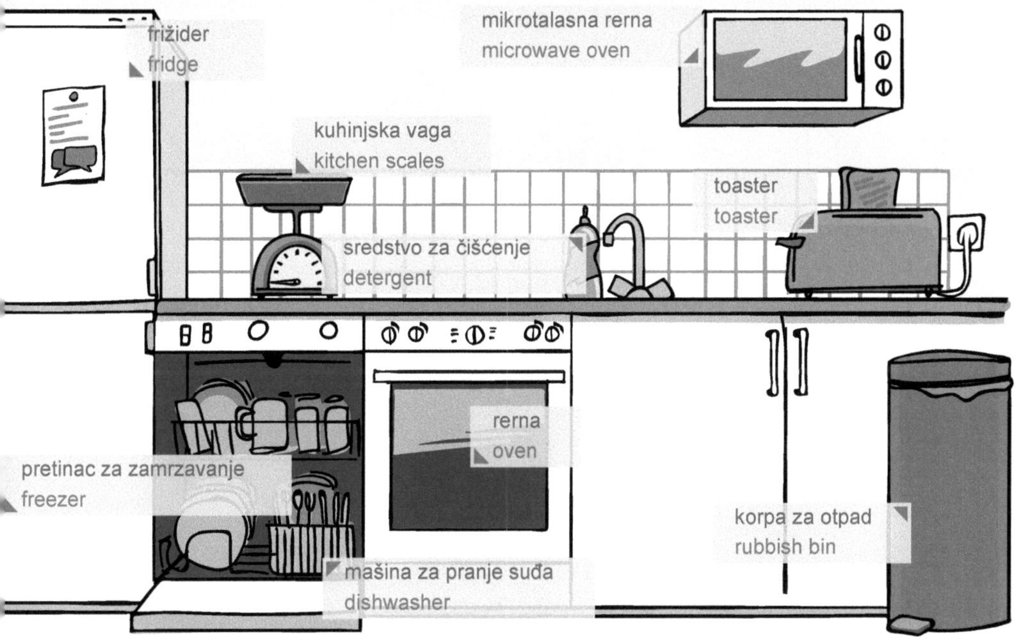

frižider
fridge

mikrotalasna rerna
microwave oven

kuhinjska vaga
kitchen scales

sredstvo za čišćenje
detergent

toaster
toaster

rerna
oven

pretinac za zamrzavanje
freezer

korpa za otpad
rubbish bin

mašina za pranje suđa
dishwasher

šporet
cooker

lonac
pot

gvozdeni lonac
cast-iron pot

wok / kadai
wok / kadai

tava
pan

kuvalo za vodu
kettle

kuvalo na paru

steamer

lim za pečenje

baking tray

posuđe

crockery

čaša

mug

posuda

bowl

štapići za jelo

chopsticks

kutlača

ladle

lopatica

spatula

penjača

whisk

sito za kuvanje

strainer

sito

sieve

ribež

grater

mužar

mortar

roštilj

barbecue

ognjište

open fire

daska

chopping board

oklagija

rolling pin

vadičep

corkscrew

konzerva

can

otvarač konzervi

can opener

krpa za lonac

pot holder

sudoper

sink

četka

brush

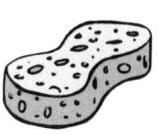

sunđer

sponge

mikser

blender

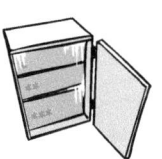

zamrzivač

deep freezer

flašica za bebe

baby bottle

slavina za vodu

tap

kupaonica
bathroom

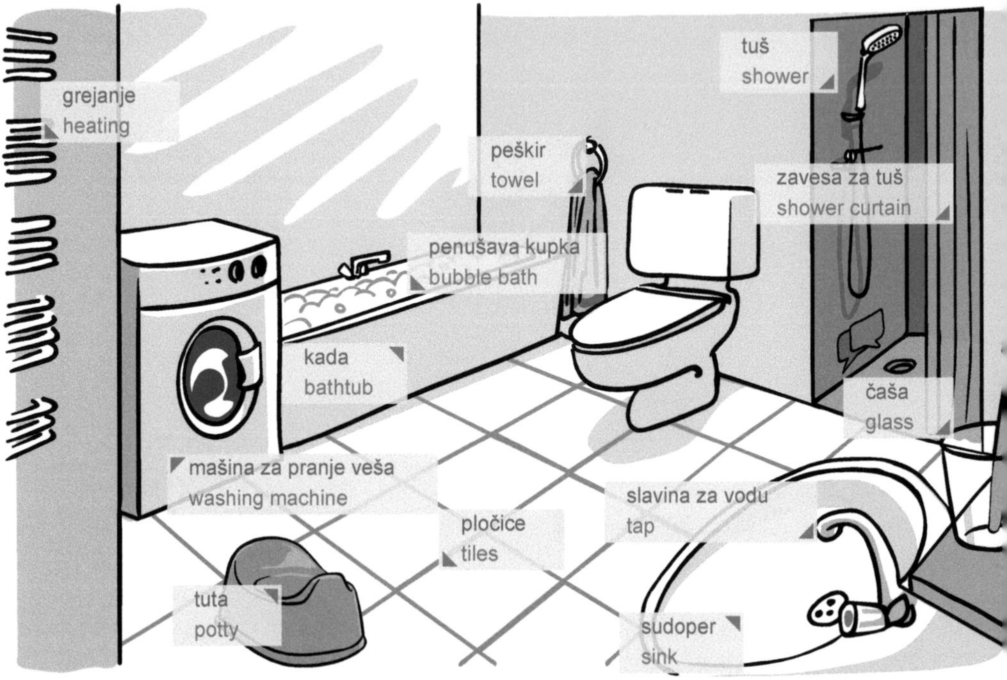
grejanje
heating
peškir
towel
tuš
shower
zavesa za tuš
shower curtain
penušava kupka
bubble bath
kada
bathtub
čaša
glass
mašina za pranje veša
washing machine
slavina za vodu
tap
pločice
tiles
tuta
potty
sudoper
sink

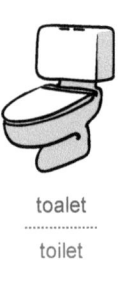

toalet

toilet

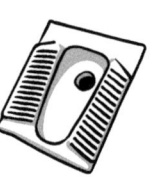

čučavac

squat toilet

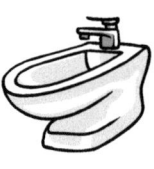

bidet

bidet

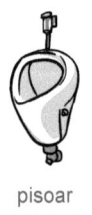

pisoar

urinal

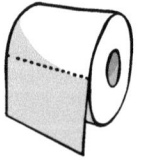

toaletni papir

toilet paper

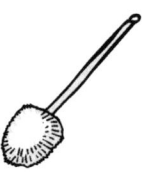

četka za toalet

toilet brush

četkica za zube
toothbrush

pasta za zube
toothpaste

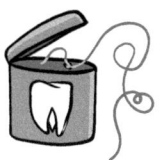

konac za zube
dental floss

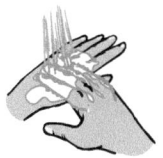

prati
wash

tuš ručica
handheld shower

tuš za pranje intimnih delova
douche

lavor
basin

četka za pranje leđa
back brush

sapun
soap

gel za tuširanje
shower gel

šampon
shampoo

krpa za pranje
flannel

odvod
drain

krema
cream

dezodorans
deodorant

ogledalo

mirror

kozmetičko ogledalo

hand mirror

brijač

razor

pena za brijanje

shaving foam

losion za posle brijanja

aftershave

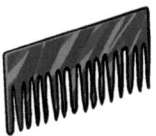

češalj

comb

četka

brush

fen za kosu

hair dryer

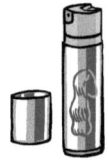

sprej za kosu

hairspray

makeup

makeup

ruž za usne

lipstick

lak za nokte

nail varnish

vata

cotton wool

makaze za nokte

nail scissors

parfem

perfume

kozmetička torbica

washbag

stolica

stool

vaga

weighing scale

ogrtač

bathrobe

rukavice za čišćenje

rubber gloves

tampon

tampon

uložak

sanitary towel

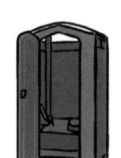

hemijski toalet

chemical toilet

dečija soba
child's room

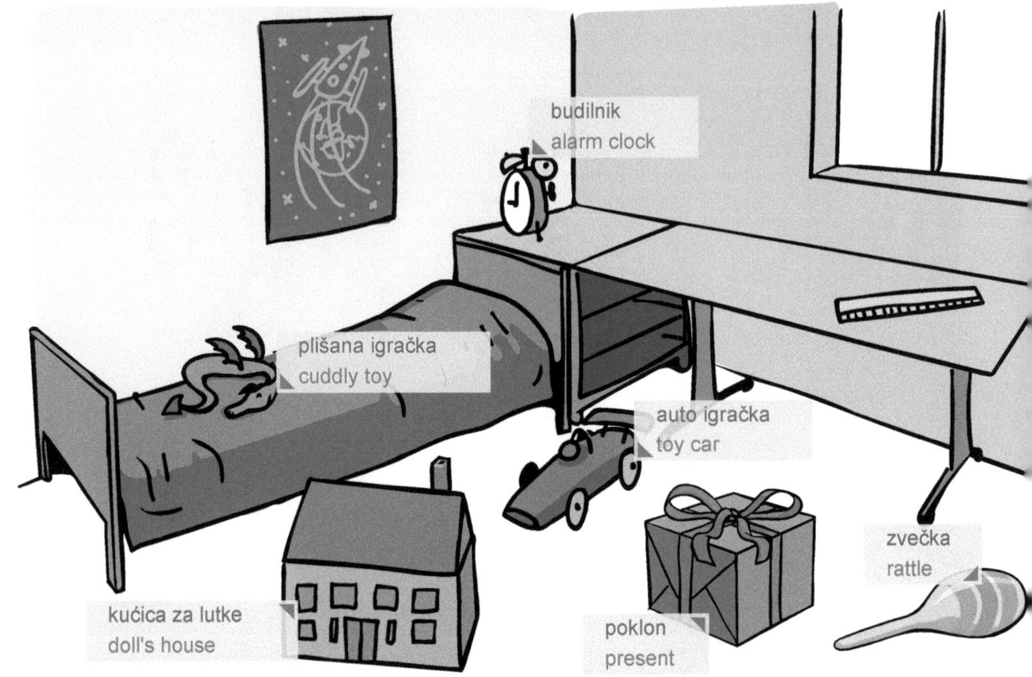
budilnik
alarm clock
plišana igračka
cuddly toy
auto igračka
toy car
zvečka
rattle
kućica za lutke
doll's house
poklon
present

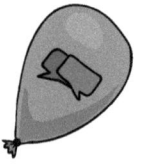

balon

balloon

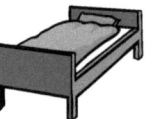

krevet

bed

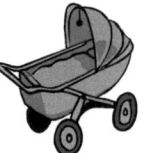

dječija kolica

pram

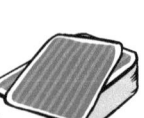

igra s kartama

deck of cards

slagalica

jigsaw

SUPER
MEGA

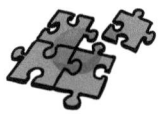

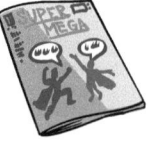

strip

comic

lego kockice

lego bricks

kockice za slaganje

building blocks

akcioni junak

action figure

benkica za bebe

babygrow

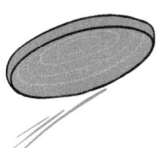

frizbi

frisbee

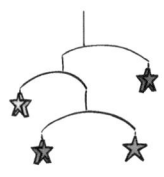

viseće igračke

mobile

društvene igre

board game

kocka

dice

minijaturna željeznica

model train set

duda

dummy

zabava

party

slikovnica

picture book

lopta

ball

lutka

doll

igrati

play

pješčanik

sandpit

ljuljačka

swing

igračka

toys

konzola za igre

video game console

tricikl

tricycle

tedi

teddy bear

ormar

wardrobe

odeća
clothing

kratke čarape

socks

čarape

stockings

hulahopke

tights

šal
scarf

kišobran
umbrella

majica
t-shirt

kaiš
belt

čizme
boots

papuče
slippers

patike
trainers

sandale	cipele	gumene čizme
sandals	shoes	rubber boots

gaćice	grudnjak	potkošulja
underpants	bra	vest

bodi
body

pantalone
trousers

farmerke
jeans

suknja
skirt

bluza
blouse

košulja
shirt

džemper
pullover

džemper s kapuljačom
hoodie

sako
blazer

jakna
jacket

kaput
coat

kabanica
raincoat

kostim
costume

haljina
dress

venčanica
wedding dress

odeća - clothing

odelo

suit

spavaćica

nightgown

pidžama

pyjamas

sari

sari

marama za glavu

headscarf

turban

turban

burka

burqa

kaftan

kaftan

abaja

abaya

kupaći kostim

swimsuit

kupaće gaćice

trunks

kratke pantalone

shorts

odeća za trening

tracksuit

kecelja

apron

rukavice

gloves

odeća - clothing

dugme

button

naočare

glasses

narukvica

bracelet

ogrlica

necklace

prsten

ring

naušnica

earring

kapa

cap

vešalica

coat hanger

šešir

hat

kravata

tie

patent zatvarač

zip

kaciga

helmet

naramenice

braces

školska uniforma

school uniform

uniforma

uniform

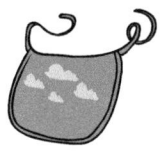

podbradak

bib

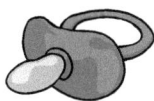

duda

dummy

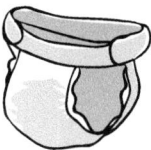

pelena

nappy

kancelarija
office

server
server
ormar za spise
filing cabinet
papir
paper
štampač
printer
monitor
monitor
miš
mouse
pisaći stol
desk
mapa
folder
tastatura
keyboard
stolica
chair
košara za papir
waste-paper basket
kompjuter
computer

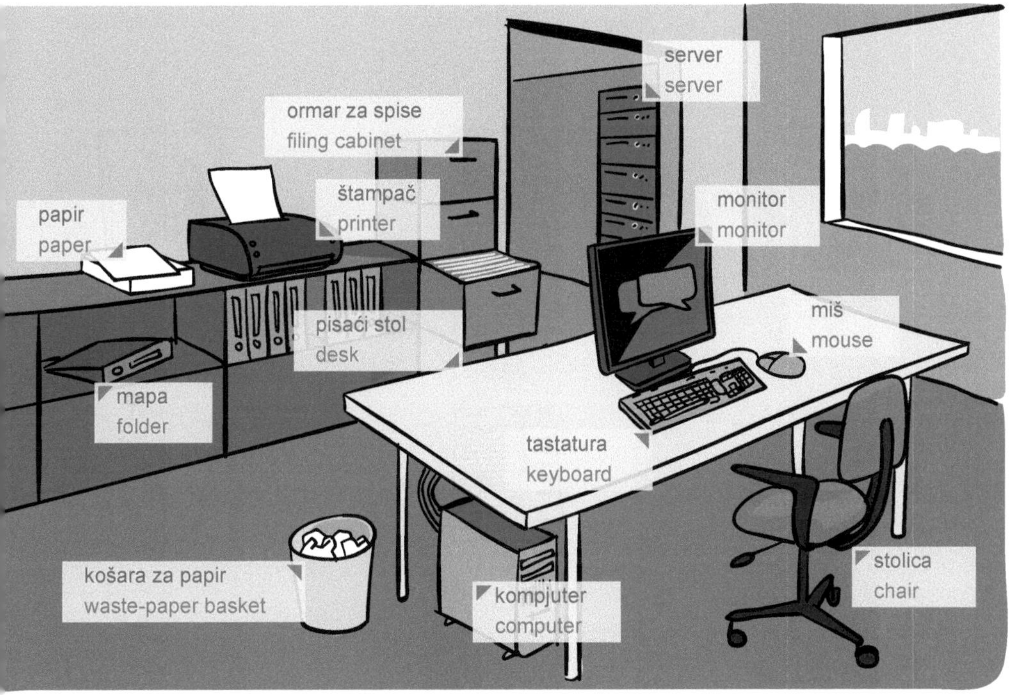

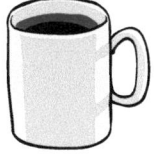

šalica za kavu

coffee mug

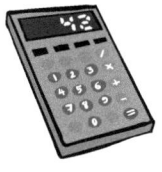

kalkulator

calculator

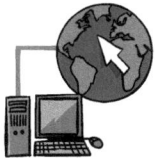

internet

internet

laptop
laptop

pismo
letter

poruka
message

mobilni telefon
mobile

mreža
network

uređaj za kopiranje
photocopier

softver
software

telefon
telephone

utičnica
plug socket

faks
fax machine

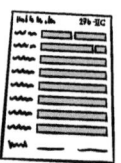
formular
form

dokument
document

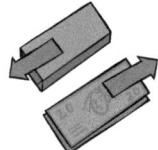

kupovati
buy

platiti
pay

trgovati
trade

novac
money

dolar
dollar

evro
euro

jen
yen

rublja
rouble

švajcarski franak
Swiss franc

renmindbi juan
renminbi yuan

rupija
rupee

automat za novac
cashpoint

menjačnica

bureau de change

zlato

gold

srebro

silver

nafta

oil

energija

energy

cena

price

ugovor

contract

porez

tax

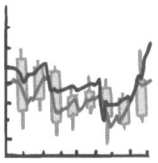

deonica

stock

raditi

work

službenik

employee

poslodavac

employer

fabrika

factory

prodavnica

shop

ekonomija - economy

zanimanja
occupations

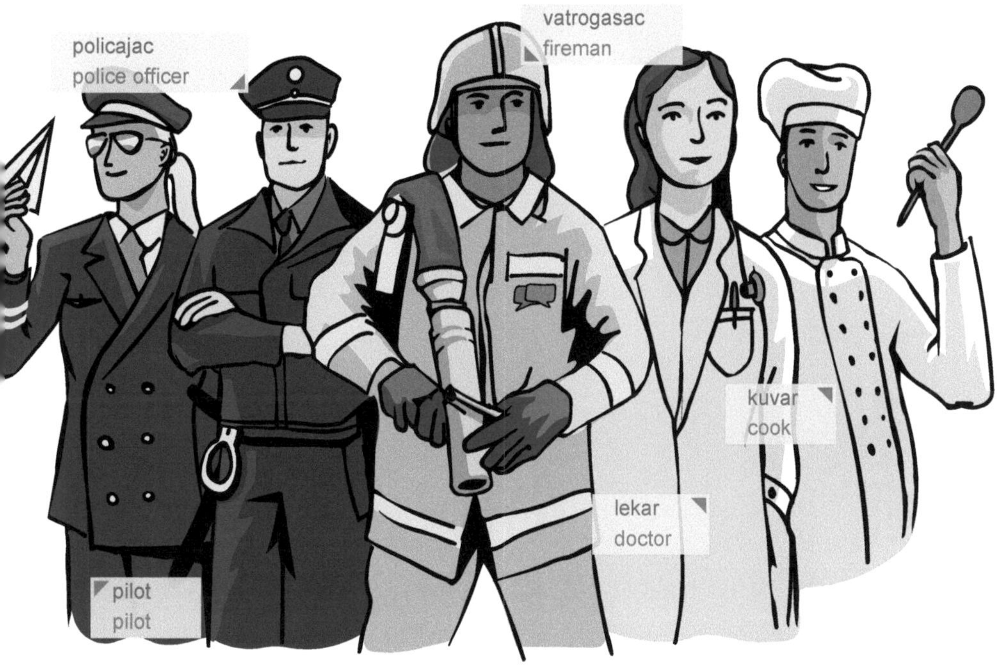
policajac
police officer
vatrogasac
fireman
kuvar
cook
lekar
doctor
pilot
pilot

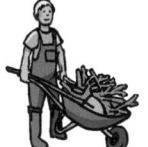

vrtlar

gardener

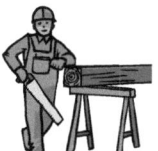

stolar

carpenter

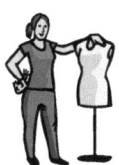

krojačica

seamstress

sudija

judge

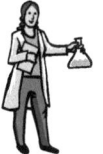

hemičar

chemist

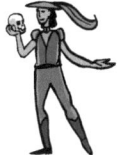

glumac

actor

vozač autobusa

bus driver

vozač taksija

taxi driver

ribar

fisherman

čistačica

cleaning lady

krovopokrivač

roofer

konobar

waiter

lovac

hunter

slikar

painter

pekar

baker

električar

electrician

građevinski radnik

builder

inženjer

engineer

mesar

butcher

limar

plumber

poštar

postman

vojnik
soldier

arhitekta
architect

blagajnik
cashier

cvećar
florist

frizer
hairdresser

kondukter
conductor

mehaničar
mechanic

kapetan
captain

zubar
dentist

naučnik
scientist

rabi
rabbi

imam
imam

monah
monk

svećenik
clergyman

alati
tools

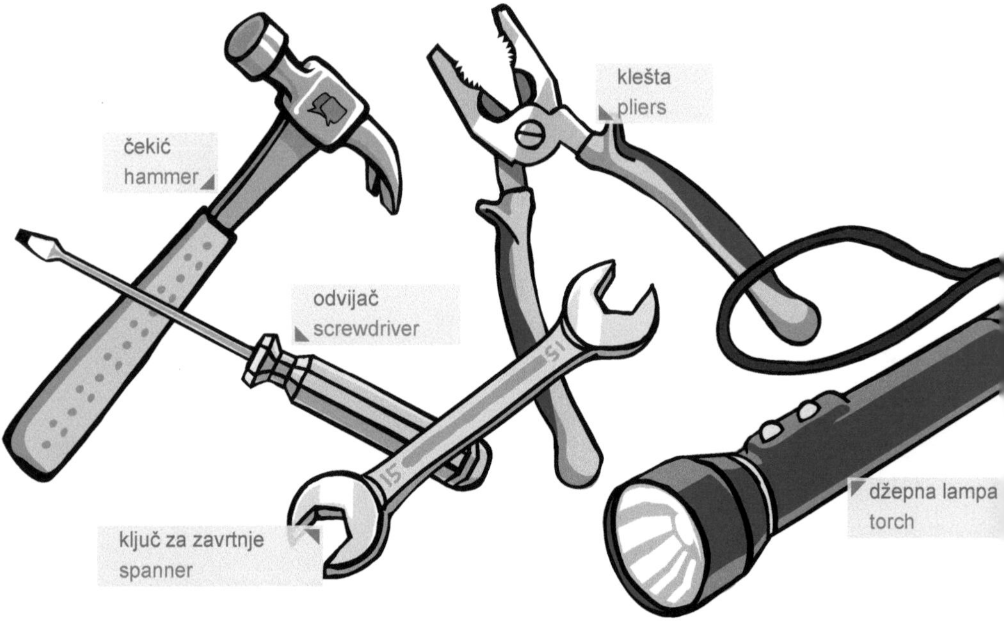
klešta
pliers
čekić
hammer
odvijač
screwdriver
džepna lampa
torch
ključ za zavrtnje
spanner

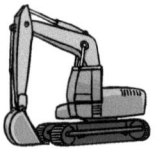

bager
digger

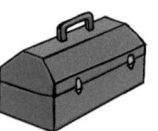

kutija za alat
toolbox

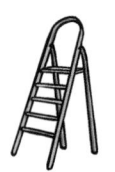

merdevine
ladder

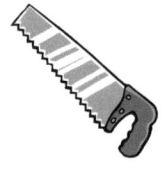

pila
saw

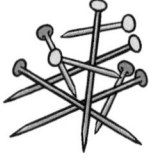

ekser
nails

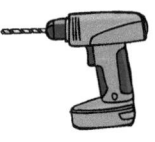

bušilica
drill

popraviti

repair

lopata

shovel

do đavola!

Damn!

lopatica

dustpan

lonac za boju

paint pot

zavrtanji

screws

muzički instrument
musical instruments

bubnjevi
drum kit

zvučnik
loudspeaker

kontrabas
double bass

truba
trumpet

gitara
guitar

klavir
piano

violina
violin

bas
bass

timpani
timpani

udaraljke za bubnjeve
drums

tipke klavira
keyboard

saksofon
saxophone

flauta
flute

mikrofon
microphone

zoološki vrt

zoo

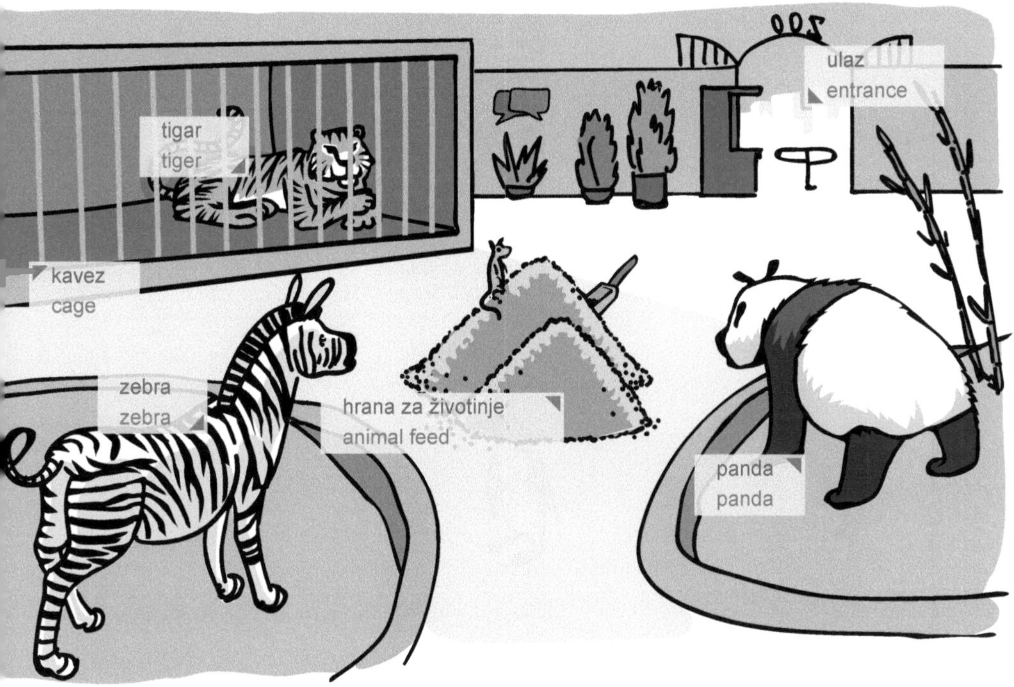

tigar
tiger
ulaz
entrance
kavez
cage
zebra
zebra
hrana za životinje
animal feed
panda
panda

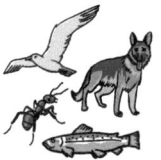

životinje

animals

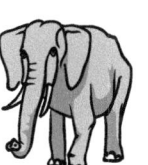

slon

elephant

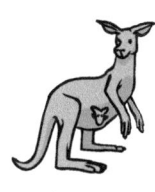

kengur

kangaroo

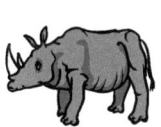

nosorog

rhino

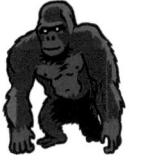

gorila

gorilla

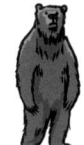

medved

bear

kamila

camel

noj

ostrich

lav

lion

majmun

monkey

flamingo

flamingo

papagaj

parrot

polarni medved

polar bear

pingvin

penguin

ajkula

shark

paun

peacock

zmija

snake

krokodil

crocodile

čuvar u zoološkom vrtu

zookeeper

tuljan

seal

jaguar

jaguar

poni
pony

leopard
leopard

nilski konj
hippo

žirafa
giraffe

orao
eagle

divlja svinja
boar

riba
fish

kornjača
turtle

morž
walrus

lisica
fox

gazela
gazelle

američki nogomet
American football

biciklizam
cycling

tenis
tennis

košarka
basketball

plivanje
swimming

boks
boxing

hokej na ledu
ice hockey

fudbal
football

badminton
badminton

atletika
athletics

rukomet
handball

skijanje
skiing

polo
polo

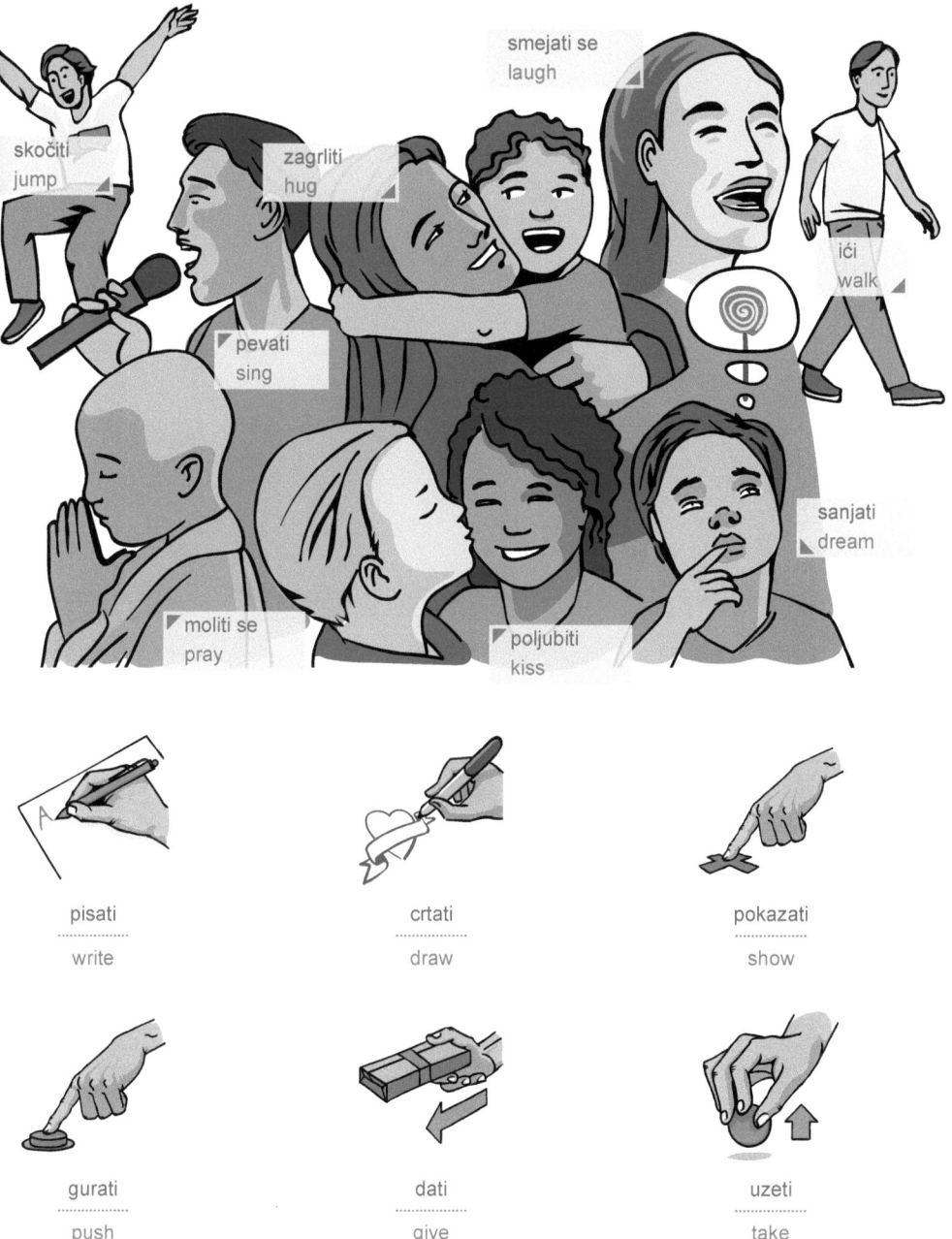

skočiti
jump

smejati se
laugh

zagrliti
hug

pevati
sing

ići
walk

moliti se
pray

poljubiti
kiss

sanjati
dream

pisati
write

crtati
draw

pokazati
show

gurati
push

dati
give

uzeti
take

imati

have

činiti

do

biti

be

stojati

stand

trčati

run

povlačiti

pull

baciti

throw

padati

fall

ležati

lie

čekati

wait

nositi

carry

sediti

sit

oblačiti

get dressed

spavati

sleep

probuditi se

wake up

gledati
look at

plakati
cry

milovati
stroke

češljati
comb

govoriti
talk

razumeti
understand

pitati
ask

slušati
listen

piti
drink

jesti
eat

pospremiti
tidy up

voleti
love

kuhati
cook

voziti
drive

leteti
fly

ploviti
sail

računati
calculate

čitati
read

učiti
learn

raditi
work

venčati se
marry

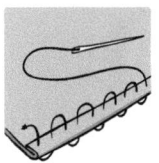

šiti
sew

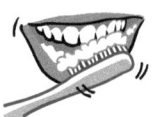

prati zube
brush teeth

ubiti
kill

pušiti
smoke

poslati
send

aktivnosti - activities

porodica
family

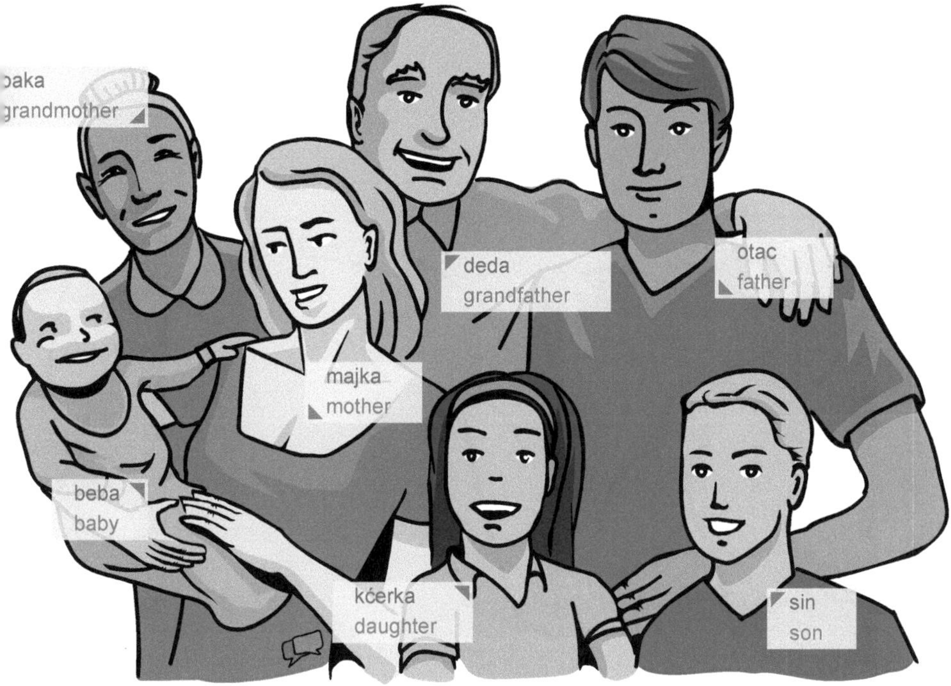

aka
randmother
deda
grandfather
otac
father
majka
mother
beba
baby
kćerka
daughter
sin
son

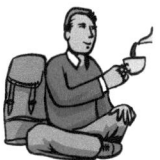

gost

guest

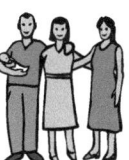

tetka

aunt

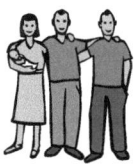

ujak, stric

uncle

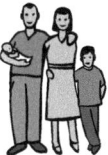

brat

brother

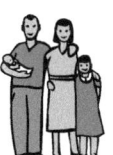

sestra

sister

telo
body

čelo
forehead
oko
eye
rame
shoulder
prst
finger
lice
face
brada
chin
ruka
hand
noga
leg
grudi
breast
ruka
arm

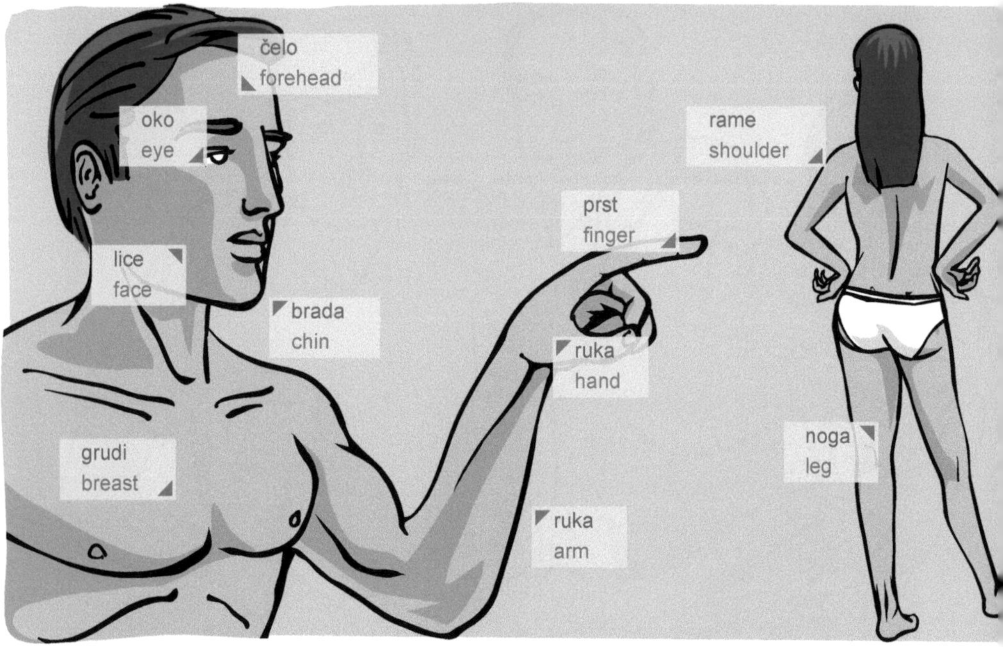

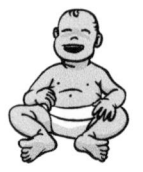

beba
baby

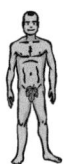

muškarac
man

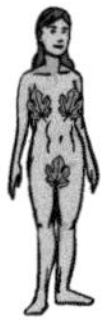

žena
woman

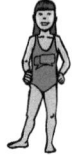

devojčica
girl

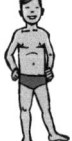

dečak
boy

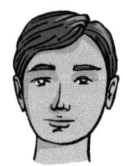

glava
head

leđa

back

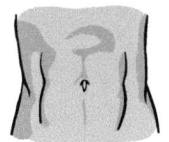

stomak

belly

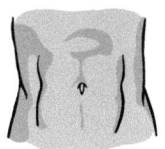

pupak

belly button

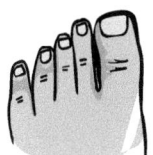

nožni prst

toe

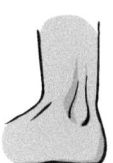

peta

heel

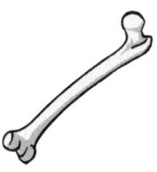

kost

bone

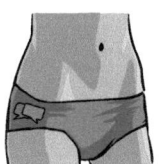

kukovi

hip

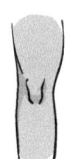

koleno

knee

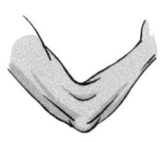

lakat

elbow

nos

nose

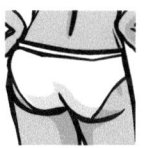

zadnjica

bottom

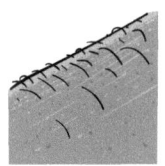

koža

skin

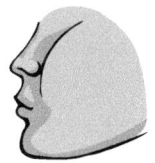

obraz

cheek

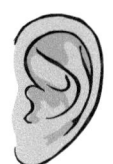

uvo

ear

usna

lip

telo - body

usta

mouth

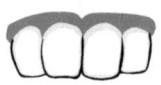

zub

tooth

jezik

tongue

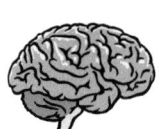

mozak

brain

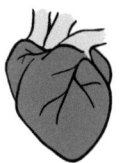

srce

heart

mišić

muscle

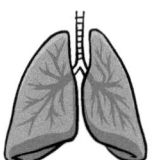

pluća

lung

jetra

liver

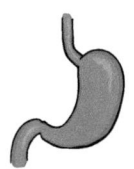

želudac

stomach

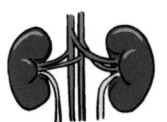

bubrezi

kidneys

polni odnos

sex

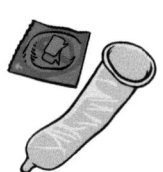

kondom

condom

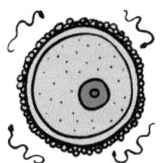

jajna ćelija

ovum

sperma

semen

trudnoća

pregnancy

telo - body

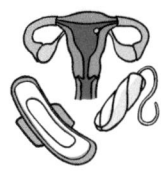

menstruacija

menstruation

vagina

vagina

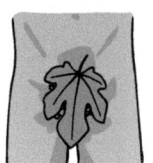

penis

penis

obrva

eyebrow

kosa

hair

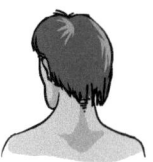

vrat

neck

bolnica
hospital

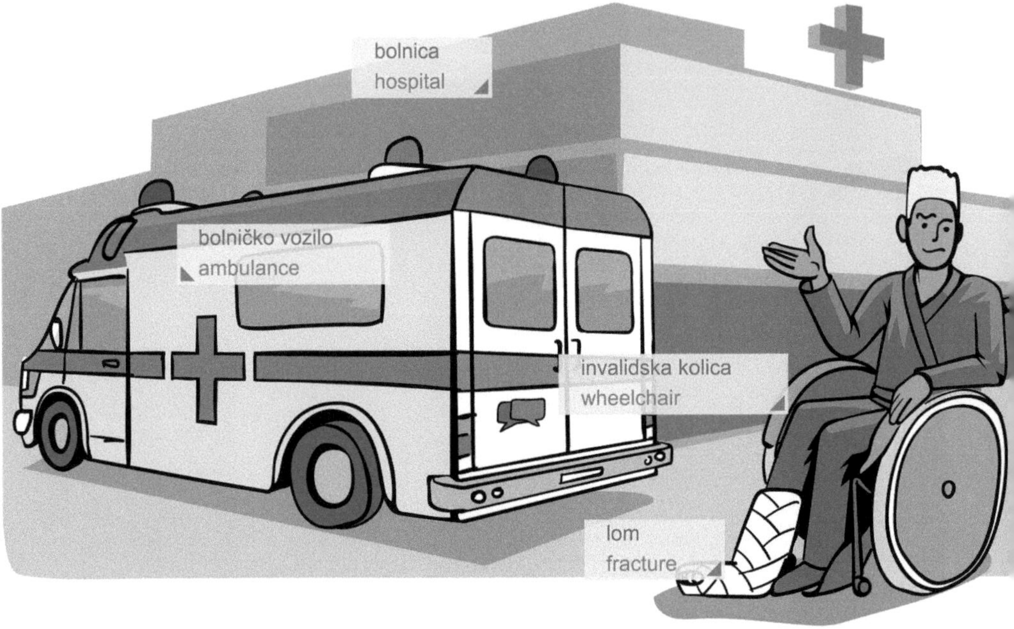

bolnica
hospital
bolničko vozilo
ambulance
invalidska kolica
wheelchair
lom
fracture

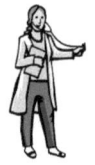

lekar

doctor

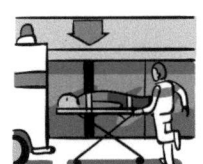

hitna medicinska služba

emergency room

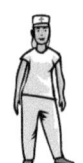

medicinska sestra

nurse

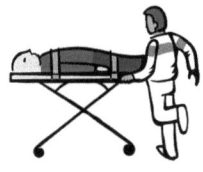

hitni slučaj

emergency

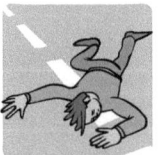

nesvest

unconscious

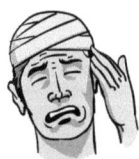

bol

pain

povreda

injury

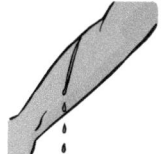

krvarenje

bleeding

srčani udar

heart attack

udar

stroke

alergija

allergy

kašalj

cough

groznica

fever

gripa

flu

proliv

diarrhoea

glavobolja

headache

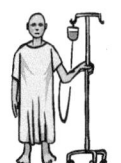

rak

cancer

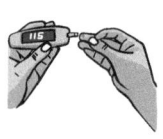

dijabetes

diabetes

hirurg

surgeon

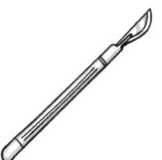

skalpel

scalpel

operacija

operation

ct
CT

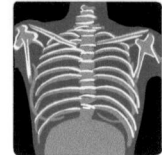

rentgen
x-ray

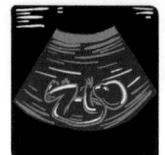

ultrazvuk
ultrasound

maska
face mask

bolest
disease

čekaona
waiting room

štaka
crutch

flaster
plaster

zavoj
bandage

injekcija
injection

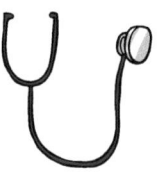

stetoskop
stethoscope

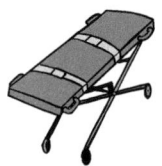

nosila
stretcher

termometar
clinical thermometer

rođenje
birth

prekomerna težina
overweight

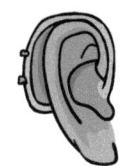

slušni aparat

hearing aid

sredstvo za dezinfekciju

disinfectant

infekcija

infection

virus

virus

HIV / AIDS

HIV / AIDS

medicina

medicine

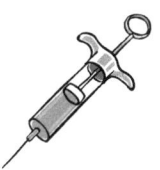

vakcinacija

vaccination

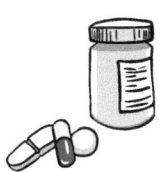

tablete

tablets

pilula

pill

hitni poziv

emergency call

uređaj za merenje pritiska

blood pressure monitor

bolesno / zdravo

ill / healthy

pomoć!

Help!

alarm

alarm

nasrtaj

assault

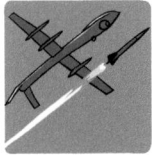

napad

attack

opasnost

danger

izlaz u slučaju nužde

emergency exit

požar!

Fire!

protivpožarni aparat

fire extinguisher

nezgoda

accident

kutija prve pomoći

first-aid kit

sos

SOS

policija

police

Evropa

Europe

Severna Amerika

North America

Južna Amerika

South America

Afrika

Africa

Azija

Asia

Australija

Australia

Atlantik

Atlantic

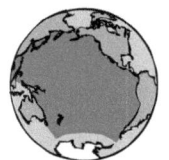

Pacifik

Pacific

Indijski okean

Indian Ocean

Antarktički okean

Antarctic Ocean

Arktički ocean

Arctic Ocean

Severni pol

North Pole

Južni pol

South Pole

Antarktik

Antarctica

zemlja

Earth

zemlja

land

more

sea

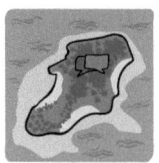

otok

island

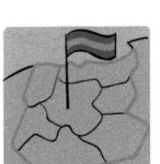

nacija

nation

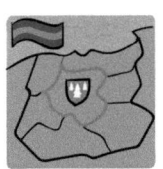

država

state

brojčanik sata

clock face

satna kazaljka

hour hand

minutna kazaljka

minute hand

sekundna kazaljka

second hand

Koliko je sati?

What time is it?

dan

day

vreme

time

sada

now

digitalni sat

digital watch

minuta

minute

čas

hour

sedmica
week

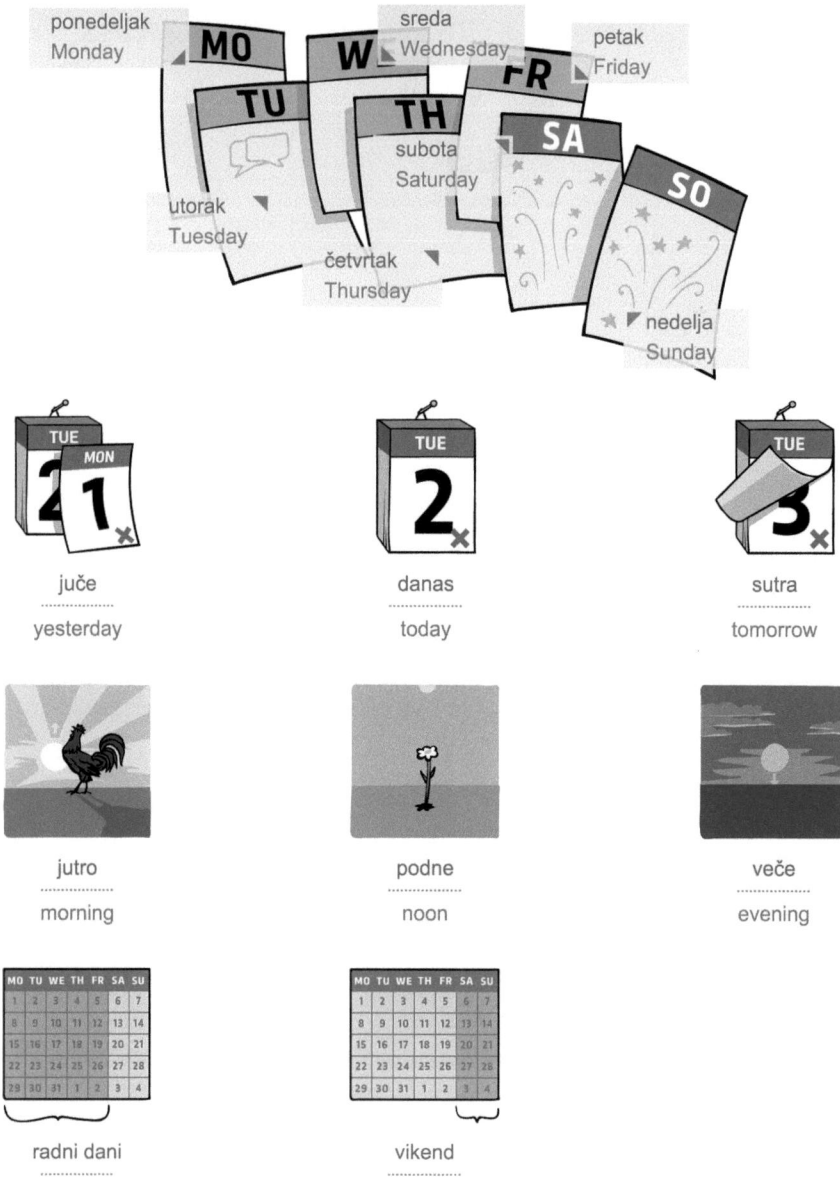

ponedeljak
Monday

MO

sreda
Wednesday

W

petak
Friday

FR

TU

TH

subota
Saturday

SA

utorak
Tuesday

SO

četvrtak
Thursday

nedelja
Sunday

juče	danas	sutra
yesterday	today	tomorrow
jutro	podne	veče
morning	noon	evening
radni dani	vikend	
business days	weekend	

godina

year

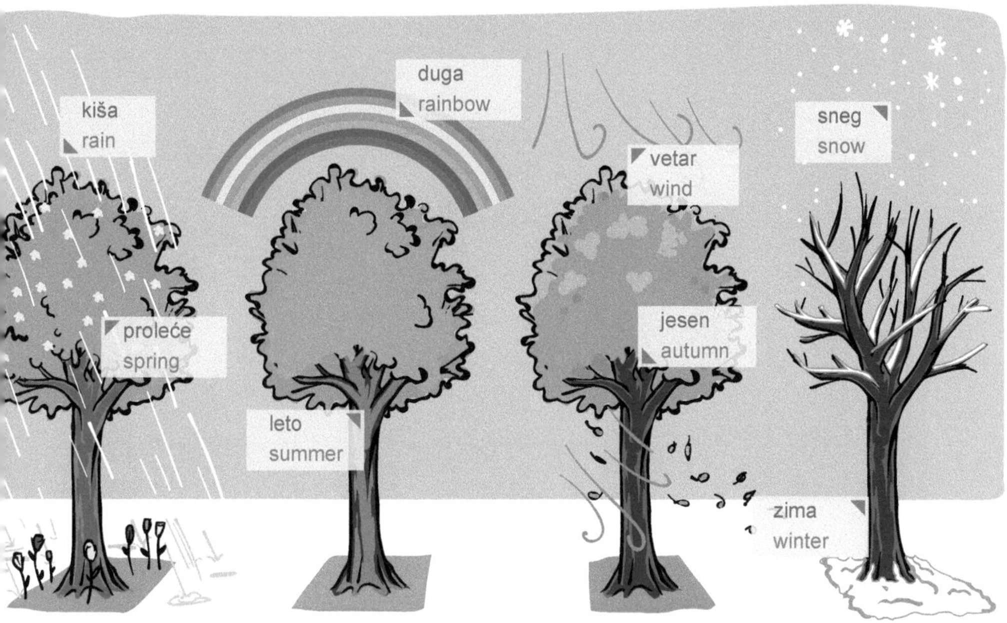

kiša
rain
duga
rainbow
vetar
wind
sneg
snow
proleće
spring
jesen
autumn
leto
summer
zima
winter

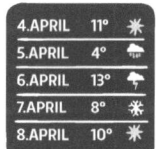

4.APRIL 11°
5.APRIL 4°
6.APRIL 13°
7.APRIL 8°
8.APRIL 10°

ıeteorološka prognoza

weather forecast

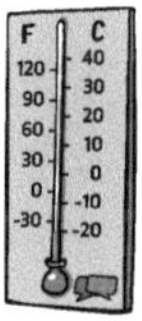

F
C

termometar

thermometer

sunčana svetlost

sunshine

oblak

cloud

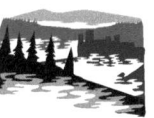

magla

fog

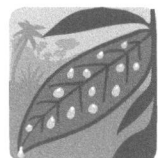

vlažnost vazduha

humidity

munja

lightning

grmljavina

thunder

oluja

storm

tuča

hail

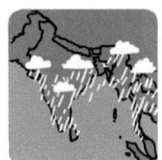

monsun

monsoon

poplava

flood

led

ice

januar

January

februar

February

mart

March

april

April

maj

May

juni

June

juli

July

avgust

August

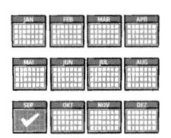

septembar
September

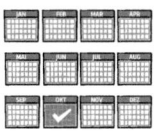

oktobar
October

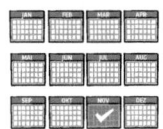

novembar
November

decembar
December

oblici
shapes

krug
circle

kvadrat
square

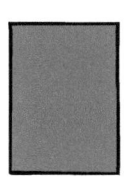

pravougao
rectangle

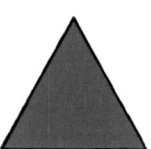

trougao
triangle

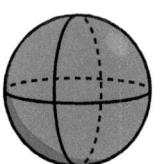

kugla
sphere

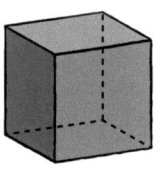

kocka
cube

bela

white

žuta

yellow

narandžasta

orange

ružičasta

pink

crvena

red

ljubičasta

purple

plava

blue

zelena

green

smeđa

brown

siva

grey

crna

black

mnogo / malo

a lot / a little

ljutito / mirno

angry / calm

lepo / ružno

beautiful / ugly

početak / kraj

beginning / end

veliko / maleno

big / small

svetlo / tamno

bright / dark

brat / sestra

brother / sister

čisto / prljavo

clean / dirty

potpuno / nepotpuno

complete / incomplete

dan / noć

day / night

mrtvo / živo

dead / alive

široko / usko

wide / narrow

jestivo / nejestivo

edible / inedible

zlo / dobro

evil / kind

uzbuđeno / dosadno

excited / bored

debelo / mršavo

fat / thin

na početku / na kraju

first / last

prijatelj / neprijatelj

friend / enemy

puno / prazno

full / empty

tvrdo / mekano

hard / soft

teško / lagano

heavy / light

glad / žeđ

hunger / thirst

bolesno / zdravo

ill / healthy

ilegalno / legalno

illegal / legal

pametno / glupo

intelligent / stupid

levo / desno

left / right

blizu / daleko

near / far

novo / polovno

new / used

ništa / nešto

nothing / something

staro / mlado

old / young

uključeno / isključeno

on / off

otvoreno / zatvoreno

open / closed

tiho / glasno

quiet / loud

bogato / siromašno

rich / poor

tačno / pogrešno

right / wrong

hrapavo / glatko

rough / smooth

tužno / sretno

sad / happy

kratko / dugo

short / long

polako / brzo

slow / fast

mokro / suho

wet / dry

toplo / hladno

warm / cool

rat / mir

war / peace

0	**1**	**2**
nula	jedan	dva
zero	one	two

3	**4**	**5**
tri	četiri	pet
three	four	five

6	**7**	**8**
šest	sedam	osam
six	seven	eight

9	**10**	**11**
devet	deset	jedanaest
nine	ten	eleven

12	**13**	**14**
dvanaest	trinaest	četrnaest
twelve	thirteen	fourteen
15	**16**	**17**
petnaest	šestnaest	sedamnaest
fifteen	sixteen	seventeen
18	**19**	**20**
osamnaest	devetnaest	dvadeset
eighteen	nineteen	twenty
100	**1.000**	**1.000.000**
stotinu	hiljadu	milion
hundred	thousand	million

engleski

English

američki engleski

American English

mandarinski kineski

Chinese Mandarin

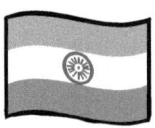

hindski

Hindi

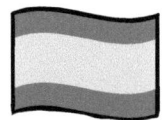

španski

Spanish

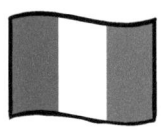

francuski

French

arapski

Arabic

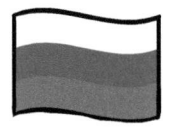

ruski

Russian

portugalski

Portuguese

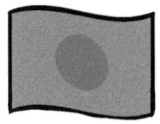

bengalski

Bengali

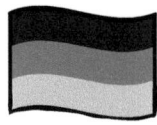

nemački

German

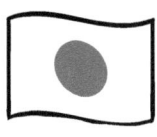

japanski

Japanese

ja

I

ti

you

on / ona / ono

he / she / it

mi

we

vi

you

oni

they

Ko?

who?

Šta?

what?

Kako?

how?

Gde?

where?

Kada?

when?

ime

name

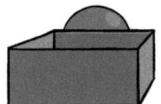

iza

behind

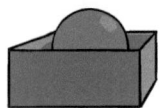

u

in

ispred

in front of

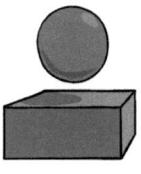

preko

over

na

on

ispod

under

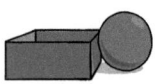

pored

beside

između

between

mesto

place